レモンをお金《かね》にかえる法《ほう》

“経済《けいざい》学《がく》入門《にゅうもん》”の巻《まき》

れいぞうこ より とりいだしたるは……

レモンをお金《かね》にかえる法《ほう》

“経《けい》済《ざい》学《がく》入《にゅう》門《もん》”の巻《まき》

ぶん=ルイズ・アームストロング
え=ビル・バッソ
やく=佐《さ》和《わ》隆光《たかみつ》

河出書房新社

編集制作＝株式会社ぱぴるす
日本語版デザイン監修＝廣瀬郁
同イラスト補訂＝宍田利孝

たねは あるけど しかけは ない ただの レモン。
これをしぼって 水と さとうを くわえると……
はい、レモネードの できあがり！

レモネード
60円

レモンと 水と さとうを **原料**《げんりょう》ということにしよう。

ジョニーが やってきて「レモネード１ぱい いくら？」と たずねる。
「60円よ」と きみが こたえたら、
それが きみの レモネードの**価格**《かかく》になるわけだ。

ジョニーが 60円はらったら、きみは レモネードを **売った**ことになる。

ジョニーのことを **消費者**《しょうひしゃ》、
レモネードを **製品**《せいひん》という。

さて、おおぜい 友だちが レモネードを買いにきた。
でも みんな「50円しか だせないよ」と いいはってる。
すると、レモネード 1ぱいの**市場**《しじょう》**価格**《かかく》は 50円というところかな。

レモネード
50円

いよいよ、レモネードの売店《ばいてん》を じぶんで つくることに したんだね。
さあ、**商売《しょうばい》**の はじまり、はじまり！

買いにくるお客《きゃく》なら だれにでも レモネードを売るのだから、
きみの商売《しょうばい》は **小《こ》売《う》り**だ。

もしきみが、あちこちの 友だちの売店《ばいてん》に レモネードを つくって
売るとしたら、それは **卸《おろし》売《う》り**になる。

きみの 商売《しょうばい》のもくてきは、**利益《りえき》**を あげることだ。
つまり、レモンや さとうや コップを買ったり、
売店《ばいてん》をつくったりするのに かかったお金よりも、
お客《きゃく》が きみのレモネードに はらうお金のほうが 合計《ごうけい》では
多くなることを、きみは ねがっているのさ。

売店《ばいてん》をひらくのに つかったお金を **初期投資《しょきとうし》**という。

きみの おこづかいから そのお金を だしたのなら、
それは **自己資本《じこしほん》**だ。

だれかに そのお金を かりたとしたら、きみは**資本貸付け《しほんかしつ》**を
うけたことになる。
あとで そのお金は、ちゃんと かえさないといけないよ。

さて、レモンしぼりに　ジョニーを　やとったとする。
そのばあい、
ジョニーのやることを　**労働**《ろうどう》、
きみのやることを　**経営**《けいえい》、
きみが　ジョニーに　はらうお金を　**賃金**《ちんぎん》、という。

レモネード
50円

この店《みせ》で
レモネードを
買《か》わないで!
たちよるべからず
レモネード
50円
ストライキ
してまーす!
かのじょは
はたらくものの
てきだ!!

「レモンしぼりのしごとは きついのに、賃金《ちんぎん》が安《やす》すぎるよ」と
ジョニーが もんくを いいだしたら、
労働争議《ろうどうそうぎ》という やっかいなもんだいが おこる。

ジョニーは しごとをしないで、きみが ずるいやつだと、
あちこちで いってまわったとする。
これが**ストライキ**だ。

ジョニーが みんなに、きみの店《みせ》で レモネードを買わないようにと
いいふらしたら、
これは **ボイコット**というんだ。

きみが ジョニーに、話しあおうよ といえば、
それが **妥結《だけつ》**への 第一歩《だいいっぽ》だ。

ジョニーも きみと 話しあう気になれば、**交渉《こうしょう》**がはじまる。

ジョニーが おこって、きみのあたまに レモネードを ぶっかければ、
交渉《こうしょう》は**決裂《けつれつ》**だ。

そうなったら、だれかに たのんで、なかなおりさせてもらうほかないね。
ジョニーも「うん」といえば、そこで **調停**《ちょうてい》が はじまる。

「ジューサーを 買ってくれれば、しごとに もどっても いいよ」と
ジョニーがいったら、これは ジョニーの 妥結《だけつ》の**条件**《じょうけん》になる。

「しんぴんは 買えないけど、ちゅうぶるひんなら 買ってもいいわ」
っていえば、きみは ジョニーに **歩**《あゆ》**み寄**《よ》りをしたことになる。

ところで、ジューサーは しごとを **機械化**《きかいか》する。

ジューサーを買ったら、もう ジョニーは ひつようで なくなるかも
しれない。つまり、レモネードづくりが **自動化**《じどうか》されるというわけだ。
そうなると、ジョニーは **失業**《しつぎょう》してしまう。

堂々《どうどう》
オープン
ジョニーの店《みせ》
レモネード
たったの40円

はらをたてたジョニーが、じぶんの レモネードの売店《ばいてん》を ひらく。
ジョニーは こんどは **競争相手《きょうそうあいて》**だ。

きみの店《みせ》へいくのをやめて、ジョニーの店《みせ》にやってくるお客《きゃく》もあるだろう。ジョニーが レモネードのねだんを きみの店《みせ》より下げれば、つまり **安売《やすう》り**すれば、なおさらだ。

しかたなく、きみも レモネードのねだんを 下げる。
こうして **値《ね》下《さ》げ競争《きょうそう》**が はじまる。

こういうことの くりかえしを **価《か》格《かく》戦《せん》争《そう》**という。

レモネードが売れても、はいってくるお金は 少なくなる。
利《り》益《えき》は どんどん **へっていく。**

ジョニー&ミー
レモネ
たったの
50

そこで、きみと ジョニーは 話しあって、
レモネード店《てん》を いっしょに やることにした。
ふたつの店《みせ》の **合併《がっぺい》**だ。

そのうち 夏がおわって、もう だれも レモネードをほしがらない
季節《きせつ》になれば、きみは **資産《しさん》**を**流動化《りゅうどうか》**しないといけない。

資産《しさん》というのは、まず きみのかせいだ利益《りえき》、
そのほか、あまったレモンや さとう、それに ジューサーや
コップや お店《みせ》そのものなんかを ぜんぶ ひっくるめたものさ。

流動化《りゅうどうか》というのは、こうしたものを 売って お金にかえることだ。

そうそう、きみは かりたお金を かえさないと いけないね。
それで まだ、お金が のこっていたら、
きみは **企業家《きぎょうか》**として **成功《せいこう》**したんだよ。

きみの てもとには、すきなことにつかえる**資金《しきん》**が のこっている。

それに きみは、**信用《しんよう》**というものを てにいれたんだ。
だから、こんどまた 資金《しきん》をかりたいときには、いつだって
かりられるに ちがいない。

きっと すてきな **バカンス**が たのしめるよ。

かいせつ

佐和隆光
（さわ たかみつ）

経済学のABCを子供に教えよう

かねて私は子どもの経済教育に強い関心を抱いてきました。そもそものきっかけとなったのが、1978年春、所用で訪れたニューヨークの書店で、本書の原著*How to Turn Lemons into Money: a child's guide to economics*という絵本を手にしたことです。当時、イリノイ大学の経済学教授を務めていた私の目から見て、この絵本は、見事に創作された子どものための経済学入門書でした。

★

1999年9月、NHKの「課外授業　ようこそ先輩」に私が出演することになったのも、担当プロデューサーが、この絵本の翻訳書を目にしたことがきっかけとなってのことでした。私の母校である京都市立桃山小学校6年1組の生徒たちに「ようこそ先輩」と出迎えられ、私は、経済学の課外授業をやることになったのです。二学期早々の9月2日と3日に、私は汗びっしょりになりながらビデオ撮りを終えました。45分の番組の中で、私は、名プロデューサーの援けを借りながら、あの手この手をつかって、子どもたちに経済の「仕組み」とそのメカニズムを教えるべく、最大限の工夫をこらしました。そのひとつが、『レモンをお金にかえる法』を翻案しての「オレンジをお金に変える法」と題する寸劇を、子どもたちに演じさせたことでした。子どもたちの達者な演技のおかげで、この番組は多くの視聴者の好評を勝ち得ることができました。

★

経済学の用語と理論を子どもたちに正確に教えようというのが、この絵本のねらいなのですが、日本のお父さんやお母さんの多くは、子どもに経済学を教えるなんてとんでもないと思われるかもしれません。

たしかに、古来、この国では、「お金は汚いもの」、「お金のことを口にするのは卑しいこと」といった通念が、あまねくゆきわたっていました。そのためもあって、子どもに経済学を教えることなど、筋違いもはなはだしいと考える人が少なくありません。私事にわたり恐縮ですが、私自身も、親からそういう教育を受けてきました。そんな私が選りにも選って経済学者という職業を選んだのは、「資本主義経済の運動法則を解明する」というマルクス経済学者のうたい文句に魅せられたからなのです。

★

それはさておき、アメリカという国は、およそ230年前に、言語、文化、人種を異にする人びとが寄り集まって出来上がった国なのです。言い換えれば、アメリカには、古来、つちかわれてきた伝統やしきたりが存在しないのです。それゆえ、建国に当たって、皆が納得するような、わかりやすい社会文法（社会的ルール）をつくる必要があったのです。そうした社会文法は、合理的かつ公正でなければなりません。家計や企業が「合理的」に行動することが、経済学の大前提なのです。実際、アメリカ人の行動様式を見ていると、彼らは、まさしく経済学が想定する「経済人《ホモ・エコノミクス》」そのものなのです。

アメリカは外国人にとって、もっとも住みよい国だと思います。なぜならアメリカの社会文法は、だれにとっても理解しやすいからなのです。なぜ理解しやすいのかというと、それが経済的な合理性によって貫かれているからなのです。

★

アメリカの大学生は、日本とはちがい、専攻分野を決めずに入学します。そして、主専攻《メージャー》、副専攻《マイナー》を自在に選択して、うまくいかなければ、途中で専攻を自由に変えることができます。ですから、アメリカの大学生は、4年間かけてじっくりと自分の適性を探り当てたうえで、プロフェッショナル・スクール（法学、医学、工学、経営学などの専門職大学院）、または学術・科学の大学院（歴史学、経済学、物理学、生物学など）に進学するのです。

そんなアメリカの大学生のほとんどが、その後の進路にかかわらず、低学年のときに経済学の初級のコースを選択するそうです。なぜそうなのかというと、アメリカ社会をつつがなく生きてゆくためには、アメリカの社会文法ともいうべき経済学のABCの知識が必要不可欠なことを、だれもが心得ているからなのです。同じように、アメリカでは、経済の「仕組み」とそのメカニズムを子供たちにキチンと教えること、そして日常的に出くわすさまざまな問題を、経済学的に考えさせる訓練を子供たちに施すことが必須だと考えられているのです。

★

『レモンをお金にかえる法』という絵本の、どこがどう素晴らしいのかというと、それは、たった32ページの簡にして要を得たストーリーの中に、多くの経済用語が実に的確に盛り込まれていることなのです。

この絵本は、しばらく絶版状態にありましたが、このたび新装版として、書店の棚に並ぶことになったことを、訳者の私としては、とてもうれしく思っています。「経済の仕組みを子どもに教えるとはこういうことなのか」という私がかつて味わった感動を、読者の皆様方にもぜひ共有していただきたいと思います。

この絵本の初刷りが発行された1982年と今では、子供の経済教育に関する考え方は、ずいぶんと変遷を遂げたようです。中学の公民の授業では、投資教育や起業家教育がとても盛んになったようですし、経済への関心もずいぶんと高まりました。この絵本が、小中学生の経済学習の一助となりうるとすれば、訳者として望外の幸せであります。

レモンをお金にかえる法

“経済学入門”の巻

初版発行――――1982年 4 月15日
新装版初版発行――2005年 5 月30日
新装版21刷発行――2023年10月30日

著者――ルイズ・アームストロング

絵――ビル・バッソ

訳――佐和隆光

発行者――小野寺優

発行所――河出書房新社

東京都渋谷区千駄ヶ谷2-32-2
電話――営業・3404-1201/編集・3404-8611
印刷所――大日本印刷株式会社
製本所――大口製本印刷株式会社
写植――株式会社トラフィック

落丁本・乱丁本はお取替えいたします。
Printed in Japan
ISBN978-4-309-24341-2